역대 최연소 노벨 평화상 수상자

말랄라
세상을 바꾼 아이

글 레베카 랭스턴 조지 · 그림 잔나 보크 · 옮김 신재일

밝은미래

키가 150센티미터 정도밖에 안 되는 파키스탄의 17살 여학생이 마이크 앞에 섰어요. 세계의 지도자들은 몸을 앞으로 쭉 내밀고 여학생의 말에 귀 기울였지요. 이 여학생이 '말랄라 유사프자이'였어요. 말랄라 유사프자이가 노르웨이 오슬로에서 노벨 평화상을 받자, 수많은 카메라가 말랄라의 메시지를 전 세계로 실어 날랐어요.

말랄라가 태어난 나라에서는 여자가 사람들 앞에서 연설을 하면 매우 위험했어요. 하지만 말랄라는 두려워하지 않았어요. 말랄라의 몸속에는 강인함, 힘, 그리고 용기가 고동쳤거든요. 2014년 12월 10일, 말랄라는 최연소 노벨 평화상 수상자가 되었어요. 말랄라는 전 세계 어린이들을 위해 자신의 목소리를 높였지요.

"이 상은 저를 위한 게 아닙니다. 우리가 잊고 있던, 교육받기를 원하는 아이들을 위한 상입니다. 두려움에 떨며 평화가 찾아오기를 바라는 아이들을 위한 상입니다. 말없이 변화를 꿈꾸는 아이들을 위한 상입니다."

말랄라는 평등한 교육을 얻기 위해 목소리를 냈어요. 그러다가 목숨을 잃을 뻔하기도 했지요.

말랄라는 일찍 공부를 시작했어요. 말랄라의 아빠 '지아우딘 유사프자이'가 밍고라에서 학교를 운영하고 있었거든요. 밍고라는 파키스탄의 자그마한 마을로, 눈 덮인 산으로 둘러싸인 스와트 계곡에 있었답니다. 말랄라는 아장아장 걸음마를 떼자마자 학교에 가서 놀았어요. 선생님 흉내를 내기도 했지요. 말랄라는 학교 가는 게 무척 즐거웠어요.

하지만 파키스탄의 아이들이 모두 말랄라와 같은 기회가 있었던 건 아니에요. 대부분의 가정이 아이들을 학교에 보낼 형편이 안되었거든요. 또 어떤 집에서는 아들만 학교에 보내려고 했어요. 많은 부모들이 딸은 집안일을 해야 한다고 생각했지요.

말랄라 엄마도 어릴 때 글을 배울 기회가 없었어요. 하지만 말랄라 아빠는 여자아이도 남자아이와 똑같이 배워야 한다고 굳게 믿었어요. 그래서 말랄라와 말랄라의 남동생들 '쿠샬'과 '아탈' 모두 열심히 공부하라고 격려했어요. 또한 가난한 아이들도 무료로 학교에 다닐 수 있게 해 주었지요.

말랄라는 학교에서 열심히 공부하여 상장과 트로피를 많이 받았어요. 자기 부족의 언어 파슈토 어는 물론이고 영어와 파키스탄의 공용어 우르두 어도 유창하게 말했지요.

하지만 그 지역을 다스리던 이슬람 무장 세력 탈레반은 여자아이들을 학교에 다니지 못하게 했어요. 탈레반은 여자는 남자와 떨어져 생활해야 한다고 주장했어요. 또 법으로 여자아이들의 교육을 금지하고 싶어 했지요. 게다가 얼굴과 몸 전체를 완전히 가리는 부르카를 입으라고 시켰어요.

탈레반은 학교 선생님들을 위협했어요. 말랄라 아빠에게는 학교를 닫으라고 명령했는데, 남학생과 여학생이 같은 문으로 드나든다는 게 그 이유였어요. 말랄라 아빠가 명령에 따르지 않자, 탈레반은 선생님들을 협박해서 결국 몇몇 선생님이 학교를 그만두고 말았어요.

말랄라 아빠의 걱정은 점점 깊어 갔어요. 하지만 말랄라는 달랐어요.
"스와트의 여자아이들은 그 누구도 두려워하지 않아."
말랄라는 오히려 더 열심히 공부하기로 결심했어요. 방학이면 대부분의 파키스탄 여자들은 헤나로 손에 꽃과 덩굴 모양을 그렸어요. 하지만 말랄라는 두 손 가득 과학 공식을 적었지요.

탈레반은 폭력과 협박을 일삼으며 매일매일 힘을 키워 갔어요. 탈레반의 힘이 강해질수록 규칙도 점점 엄해졌고요. 남자는 수염을 깎아서는 안 되고, 여자는 얼굴을 반드시 가리고 다녀야 했어요. 영화도 못 보게 했어요. 스와트 계곡의 라디오에서는 탈레반이 설교하는 소리가 울려 퍼졌어요.

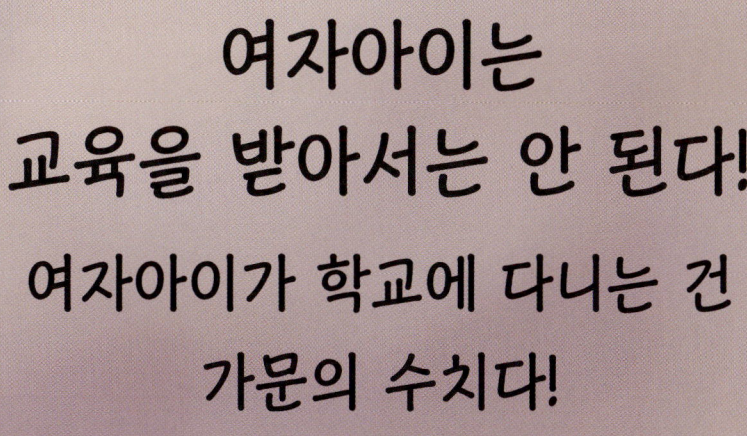

여자아이는
교육을 받아서는 안 된다!
여자아이가 학교에 다니는 건
가문의 수치다!

나라 전체에 두려움이 퍼져 갔어요. 한때 아이들로 가득했던 교실에는 이제 빈자리가 많아졌지요. 탈레반 지도자들은 라디오에 대고 자신들이 한 일을 자랑했어요.

"이제 더 이상 학교에 다니지 않기로 한 '아답 타렌'에게 축하를 보낸다."

말랄라 아빠는 텔레비전에 나와 교육의 중요성을 힘주어 말했어요. 아빠를 따라간 말랄라도 기자의 질문에 이렇게 대답했어요.
"탈레반은 저한테서 교육받을 권리를 빼앗아 갈 수 없어요!"

그러던 어느 날, 말랄라와 아빠는 학교 문에 붙어 있는 편지를 보았어요.
"당신이 운영하는 이 학교는 서양식 교육을 따르고 있다. 당신은 여자아이들을 가르치고 있는데, 당장 그만두지 않으면 곤란한 상황에 처하게 될 것이다."

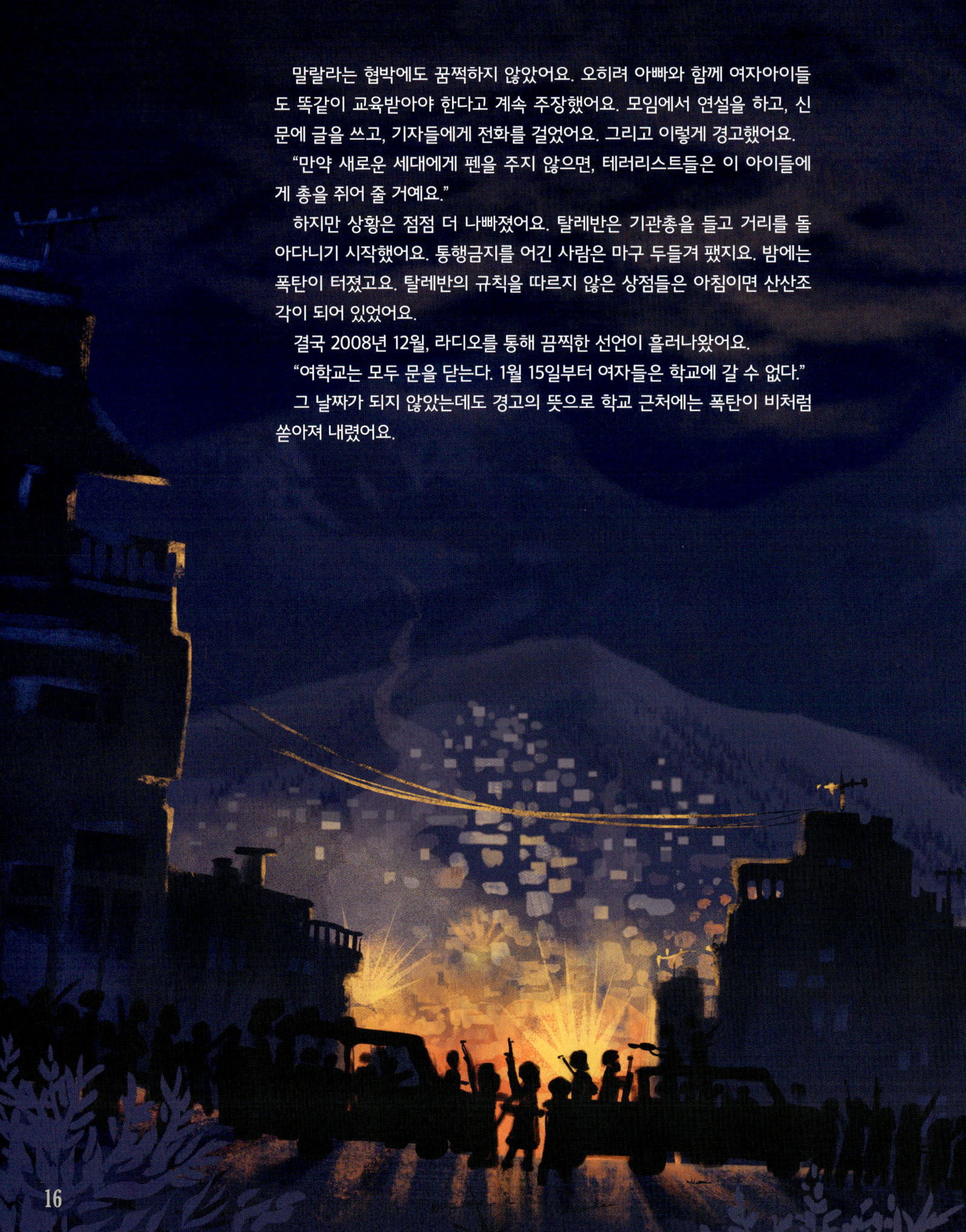

말랄라는 협박에도 꿈쩍하지 않았어요. 오히려 아빠와 함께 여자아이들도 똑같이 교육받아야 한다고 계속 주장했어요. 모임에서 연설을 하고, 신문에 글을 쓰고, 기자들에게 전화를 걸었어요. 그리고 이렇게 경고했어요.
"만약 새로운 세대에게 펜을 주지 않으면, 테러리스트들은 이 아이들에게 총을 쥐어 줄 거예요."

하지만 상황은 점점 더 나빠졌어요. 탈레반은 기관총을 들고 거리를 돌아다니기 시작했어요. 통행금지를 어긴 사람은 마구 두들겨 팼지요. 밤에는 폭탄이 터졌고요. 탈레반의 규칙을 따르지 않은 상점들은 아침이면 산산조각이 되어 있었어요.

결국 2008년 12월, 라디오를 통해 끔찍한 선언이 흘러나왔어요.
"여학교는 모두 문을 닫는다. 1월 15일부터 여자들은 학교에 갈 수 없다."

그 날짜가 되지 않았는데도 경고의 뜻으로 학교 근처에는 폭탄이 비처럼 쏟아져 내렸어요.

하지만 폭탄이 터져도 말랄라는 움츠러들지 않았어요. 때마침 영국 BBC 방송국에서 파키스탄의 상황을 알려 줄 여학생을 찾았어요. 교육을 받을 수 없게 된 상황을 어떻게 느끼는지 직접 블로그에 썼으면 좋겠다고요. 말랄라의 친구들은 두려움 때문에 모두 싫다고 했어요. 이때 말랄라가 선뜻 나섰어요.

말랄라는 블로그에 글을 쓸 때, 오래전 영국의 지배에 대항해 싸웠던 파키스탄 사람 '굴 마카이'의 이름을 썼어요. 다만 파키스탄의 인터넷 사정이 좋지 않아, 말랄라가 전화로 말해 주면 기자가 블로그에 대신 글을 썼지요. 우르두 어로 쓴 이 블로그가 처음 세상에 나온 건 2009년 1월 3일, 말랄라의 블로그는 곧 유명해졌어요. BBC 방송국에서는 이 글을 영어로 번역했지요. 2009년 1월 14일, 말랄라는 블로그에 이렇게 썼어요.

"언젠가 학교가 다시 문을 열 거라고 생각한다. 하지만 학교를 떠나며, 난 다시는 이곳에 돌아오지 못할 것처럼 학교를 바라보았다."

말랄라는 슬펐지만 여전히 용감했어요.

"우리가 학교에 가는 걸 막을 수 있을진 몰라도, 우리가 배우는 건 절대 막을 수 없다!"

　말랄라를 비롯한 활동가들은 점점 더 분노했어요. 그러자 탈레반도 어쩔 수 없이 10살 이하의 여자아이들은 학교에 다녀도 좋다고 했어요. 하지만 말랄라는 당시 11살이었어요. 그래서 말랄라와 친구들은 푸른색 교복을 집에 두고 나왔어요. 평상복을 입고, 숄 아래 책을 숨기고, 실제 나이보다 어린 척 학교에 갔답니다. 나이를 속이고 학교에 가는 건 아주 위험한 일이었어요. 들켰다가는 학생은 물론이고 선생님도 공개적으로 매질을 당하거나 벌을 받을 수 있었거든요.

하루하루 시간이 지날수록 점점 더 위험해졌어요. 파키스탄 군인들은 탈레반과 싸움을 벌였어요. 총소리와 사람들의 비명이 하늘을 가득 메웠지요. 아무리 용감한 여학생이라도 거리로 나올 생각을 하지 못했어요. 2009년 5월, 마침내 군에서 주민들 모두에게 피난을 떠나라고 했어요. 승용차, 오토바이, 트럭, 당나귀가 끄는 수레가 짐을 잔뜩 실은 채 길을 메웠어요. 주민 200만 명이 스와트 계곡을 떠났지요. 탈레반은 기관총을 들고 그 모습을 지켜봤어요.

자그마한 가방 안에 옷가지를 챙겨 넣는 동안, 말랄라의 얼굴에는 뜨거운 눈물이 연신 흘러내렸어요. 말랄라는 책에 손을 뻗었지만, 엄마는 책을 가져갈 수 없다고 했어요. 책을 남겨 둔다는 사실에 가슴이 무너져 내릴 듯했지요. 다시 돌아왔을 때 책이 그 자리에 그대로 있기를 말랄라는 간절히 기도했답니다. 이윽고 목숨을 부지하기 위해 말랄라의 부모님과 남동생들은 이웃의 자동차에 허둥지둥 몸을 실었어요. 말랄라는 친구네 비좁은 자동차를 얻어 탔고요. 탈레반은 말랄라의 권리와 교육, 그리고 목소리를 빼앗으려고 했어요. 말랄라는 이제 탈레반이 자기 집을 쑥대밭으로 만들어 놓지 않기만을 바랄 뿐이었지요.

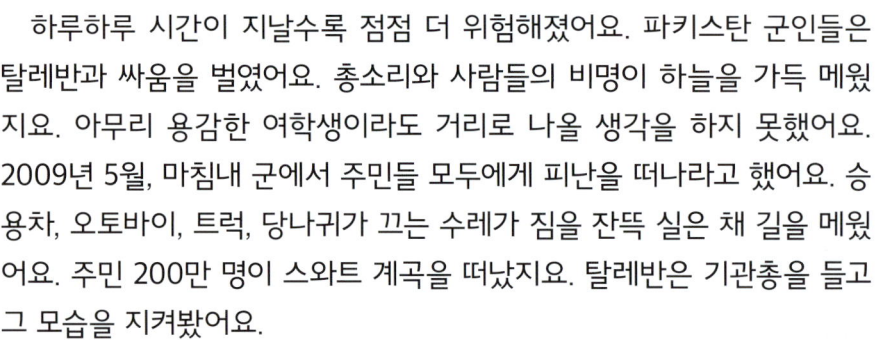

스와트 계곡 외곽의 마을은 피난민들로 넘쳐 났어요. 유엔에서는 하얀색 텐트가 가득 찬 수용소를 차려 놓고 사람들을 받았어요. 하지만 수용소는 금방 사람들로 꽉 차 발 디딜 틈조차 없었어요. 열악한 위생 환경 때문에 질병이 번졌지요. 탈레반이 수용소를 공격할 거라는 소문이 퍼지자, 지쳐 있던 수많은 사람들이 두려움에 벌벌 떨었어요. 말랄라네 식구들은 다행히 근처에 친척이 살고 있어서, 친척 집에서 머물 수 있었어요. 하지만 밍고라에서 쫓겨난 말랄라의 친구들은 갈 데가 없었어요. 친구들은 자동차도 없어서 뜨거운 태양 아래 먼지 폴폴 나는 길을 25킬로미터나 걸어가야 했어요.

말랄라는 7월에 12살 생일을 맞았어요. 하지만 아무도 축하해 주지 않았어요. 생일 케이크도 생일 파티도 없었어요. 사실 아무도 기억하지 못했어요. 말랄라는 혼자 생일 소원을 빌었어요. 어서 평화가 찾아오기를 말이에요.

석 달이 지나 드디어 싸움이 끝났어요. 말랄라네 식구들도 집으로 돌아왔지요. 하지만 밍고라는 많이 달라져 있었어요. 상점들이 무너져 내렸어요. 불타 버린 회색 자동차 더미가 길거리에 아무렇게나 뒹굴었고요. 교실 벽에는 총알구멍이 숭숭 났지요. 다행히 탈레반의 흔적은 어디에도 없었어요. 며칠 뒤, 말랄라 아빠는 학교를 다시 열었어요. 남자아이들 따로, 여자아이들 따로 공부하도록 했지요.

말랄라도 다시 학교에 다니게 되었어요. 하지만 생활이 전과 똑같을 수는 없었어요. 그사이 여자아이들을 학교에 다니지 못하게 하려는 탈레반의 정책은 국제적인 뉴스가 되었어요. 친구들과 이웃들은 말랄라가 굴 마카이일 거라고 짐작했지요. 말랄라의 블로그, 연설, 인터뷰는 말랄라를 세계적인 유명 인사로 만들었어요. 남아프리카 공화국의 데스몬드 투투 대주교는 말랄라를 '국제 아동 인권 평화상' 후보로 추천하기도 했지요. 파키스탄 정부에서도 말랄라에게 '말랄라 평화상'을 주었어요. 2011년 말, 말랄라의 삶은 텔레비전, 라디오, 신문 인터뷰에 실렸어요. 이제 말랄라의 얼굴은 널리 알려지게 되었어요.

그런데 탈레반이 완전히 사라진 건 아니었어요. 탈레반은 말랄라가 서양 사람들 편에 서서 일한다면서, 가만 놔두지 않겠다고 했어요. 경찰은 말랄라 가족한테 몸을 피하라고 했지요.

하지만 말랄라는 숨지 않겠다고 했어요.
잠자코 있지도 않겠다고 했어요.

말랄라의 엄마 '토르 페카이'는 딸이 걱정스러웠어요. 그래서 학교가 가까워도 스쿨버스를 타고 다니라고 했어요. 그러면서도 언제나 당당하게 행동하는 딸이 자랑스러웠지요. 엄마의 염려에도 아랑곳하지 않고 말랄라는 오히려 엄마에게 학교에 다니라고 용기를 북돋아 주었어요. 덕분에 엄마는 2012년 10월 9일에 첫 읽기 수업을 듣게 되었어요.

엄마가 첫 수업을 위해 학교에 도착한 시간, 말랄라는 집에 가려고 친구들과 함께 스쿨버스에 탔어요. 버스 안에서 아이들은 웃고 떠들며 노래를 불렀지요. 그런데 갑자기 버스가 멈췄어요. 그러더니 어떤 남자가 불쑥 나타났어요.

"누가 말랄라냐?"

아무도 대답하지 않았어요. 다만 친구들은 눈을 돌려 말랄라를 걱정스레 바라보았지요. 그걸로 충분했어요. 남자는 말랄라에게 총을 겨눴어요.

세 발의 총소리가 침묵을 깼어요.

버스 기사는 말랄라, 그리고 함께 부상당한 '샤지아'와 '카이나트'를 곧장 병원으로 데리고 갔어요. 시간이 어떻게 흘러갔는지 모르겠어요. 말랄라가 사고를 당했다는 소식은 삽시간에 퍼졌어요. 기자들이 병원에 구름같이 모여들었지요. 말랄라 아빠가 학교 지도자들 앞에서 연설을 하고 있을 때, 전화기가 요란스레 울렸어요. 말랄라 아빠는 서둘러 병원으로 달려가며, 청중에게 호소했어요.
"제발 말랄라를 위해 기도해 주세요."
말랄라 엄마가 집에 도착했을 때, 이웃들이 끔찍한 소식을 듣고 집 안으로 몰려들었어요. 한 친구는 전화로, 말랄라를 헬리콥터에 태워 다른 병원으로 옮길 거라는 소식을 전해 주었지요. 말랄라 엄마와 이웃들은 옥상으로 뛰어 올라가 말랄라를 태운 헬리콥터가 하늘 높이 날아가는 모습을 애타게 지켜보았어요. 말랄라 엄마는 머리에 쓰고 있던 스카프를 들어 올리며 기도했어요.
"신이시여, 제 딸을 당신께 맡기겠나이다."

몇 시간이 며칠로 이어졌지만 말랄라는 정신을 차리지 못했어요. 말랄라의 뇌는 퉁퉁 부어올랐어요. 말랄라가 혼수상태로 누워 있을 때 탈레반은 말랄라가 목숨을 부지하지 못할 거라고 큰소리쳤어요. 만약 살아난다 해도 다시 총을 겨누겠다고 했지요.

말랄라는 뇌 수술을 받았어요. 그러면서 감염으로 죽을 고비를 넘겨야만 했어요. 결국 말랄라는 영국 버밍엄에 있는 병원으로 옮겨 갔어요. 수술을 더 받고, 또 혹시 있을지도 모를 공격을 피하기 위해서였지요.

탈레반이 쏜 총에 맞은 말랄라 이야기는 전 세계로 보도되었어요. 교육받을 권리를 위해 싸우던 한 소녀가 죽음의 문턱을 드나들고 있다고요. 수천 통의 격려 편지가 도착했어요. 인형하고 꽃도 많이 왔지요. 하지만 말랄라는 책을 가장 받고 싶었어요.

그 후 몇 달 동안 의사들은 말랄라를 여러 차례 수술했어요. 축 처진 눈을 바로잡고 얼굴 신경을 되살려 마침내 말랄라는 다시 웃을 수 있게 되었어요. 소리를 들을 수 없게 된 귀에는 인공 달팽이관을 이식해 주었지요. 말랄라는 꼬박 석 달을 병원에 있었어요. 그동안 밍고라의 학교 친구들은 말랄라의 자리를 비워 두었지요.

총알도 말랄라에게 침묵을 강요할 수 없었어요. 2013년 7월 12일, 말랄라는 유엔에서 세계 지도자들을 앞에 두고 연설했어요.

"한 명의 어린이가, 한 사람의 교사가, 한 권의 책이, 한 자루의 펜이 세상을 바꿀 수 있습니다."

말랄라는 힘주어 말했어요. 청중들은 배움의 권리를 위해 싸워 온 한 여자아이를 기립 박수로 따뜻하게 격려해 주었답니다.

사진 제공 : 연합포토

말랄라, 더 많은 이야기

스와트 계곡의 말랄라네 집은 파키스탄 북부에 있어요. 그곳은 아프가니스탄과 가까워서 문화적으로나 역사적으로나 아프가니스탄과 비슷한 점이 많답니다. 2001년 9월 11일, 테러리스트들이 미국을 공격한 뒤, 미국은 동맹국들과 함께 아프가니스탄에 군대를 파견했어요. 당시 아프가니스탄에서는 탈레반이 아주 강력한 세력을 이루고 있었는데, 그중 상당수가 미국의 점령 기간 동안 스와트 계곡으로 옮겨 왔지요. 이곳에 온 탈레반은 파키스탄 사람들에게 자신들의 생각을 마구 강요했어요.

말랄라에게 쏜 총알은 왼쪽 눈 위로 들어가, 얼굴을 관통해, 어깨 안에 박혔어요. 처음에 의사들은 말랄라가 큰 상처를 입지 않았다고 판단했지만 나중에 확인해 보니 말랄라의 상처는 생명을 위협할 정도로 치명적이었어요. 말랄라의 뇌, 얼굴 신경, 그리고 청력이 모두 손상되었지요. 뇌가 부풀어 오르는 걸 줄이기 위해 의사들은 뼈 일부를 제거했어요. 그러고 나서 나중에 그 뼛조각 대신 금속판을 심었어요. 말랄라와 함께 버스에 타고 있다 사고를 당한 친구들, 샤지아와 카이나트는 다행히 큰 부상을 입지 않았답니다.

영국 버밍엄의 병원은 말랄라의 쾌유를 빌며 세계 곳곳에서 쏟아져 들어오는 수많은 카드와 선물을 다 받아들이기에 벅찰 정도였어요. 말랄라는 특히 한 가지 선물을 소중하게 여겼답니다. 베나지르 부토 총리의 자녀들이 총리가 생전에 쓰던 숄 두 장을 보내왔거든요. 부토는 파키스탄의 총리였는데 암살을 당했어요. 말랄라는 평소 부토 총리를 자신의 영웅으로 여겼지요. 그래서 유엔에서 연설할 때 부토 총리의 하얀색 숄을 자랑스럽게 걸쳤답니다.

총격이 있고 나서 거의 2년 뒤, 파키스탄 군대는 말랄라에게 총을 쏜 사건과 관계있는 10명을 체포했어요. 하지만 탈레반은 말랄라에 대한 위협을 멈추지 않았어요.

총격이 있고 나서 몇 달 뒤부터 말랄라는 다시 학교에 다니기 시작했어요. 하지만 계속되는 위협 때문에 밍고라의 자기 자리로 되돌아갈 수는 없었어요. 말랄라는 지금 가족들과 함께 버밍엄에서 살고 있어요. 그곳에서 공부를 계속할 예정이에요. 언젠가 총이 아니라 지식으로 무장한 채 파키스탄으로 돌아갈 수 있게요. 말랄라는 아빠와 함께 교육에 관한 연설도 꾸준히 하고 있답니다. 또한 파키스탄과 같은 나라의 교육에 필요한 자금을 지원해 주는 활동도 시작했어요. 말랄라는 '모든 가정의 평화'와 '이 세상 모든 여자아이와 남자아이들을 위한 교육'을 위해 열심히 일하겠다고 약속했어요.

글 레베카 랭스턴 조지

초등학교 영어 선생님이자, 선생님들에게 글쓰기를 가르치고 있어요. 여러 어린이 잡지에 글과 시를 발표했지요. 컴퓨터 앞에 앉아 글을 쓰지 않을 때는 어린이책작가협회(SCBWI)에서 활동하며, 지금은 미국 캘리포니아 주 베이커즈필드에서 살고 있어요. 작가의 웹 사이트 주소는 다음과 같습니다. www.rebeccalangston-george.com

그림 잔나 보크

미국 로스앤젤레스에서 활동하는 프리랜서 일러스트레이터예요. 캘리포니아주립대학교에서 미술을 공부했지요. 여러 출판사에서 책을 펴냈으며, 책·애니메이션·게임 등 다양한 분야에서 매우 활발하게 활동하고 있어요.

옮김 신재일

한국외국어대학교에서 정치학 박사 학위를 받았습니다. 한국외국어대학교, 서울교육대학교 등에서 정치학을 가르치며 어린이·청소년 논픽션 작가로 활동하고 있지요. 지은 책으로 《열두 살에 처음 만난 정치》《둥글둥글 지구촌 인권 이야기》《세상을 바꾼 사람들》 등이, 옮긴 책으로 《말랄라 세상을 바꾼 아이》《군주론》《세상을 바꾼 씨앗》《간디의 소금행진》《정화》《내가 만난 재난 시리즈》 등이 있답니다.

말랄라
세상을 바꾼 아이

글 레베카 랭스턴 조지 | 그림 잔나 보크 | 옮김 신재일

초판 4쇄 발행 2021년 10월 15일

펴낸이 도승철 | 펴낸곳 밝은미래
등록 2005년 5월 2일 (제105-14-87935호)
주소 경기도 파주시 회동길 349 3층
전화 031-955-9550 | 팩스 031-955-9555 | 홈페이지 http://www.bmirae.com
편집 송재우 고지숙 | 디자인 윤수경 | 마케팅 김경훈 | 경영지원 강정희

ISBN 978-89-6546-254-5 74080
ISBN 978-89-92693-83-7 74080(세트)

FOR THE RIGHT TO LEARN : MALALA YOUSAFZAI'S STORY
© Capstone Press, an imprint by Capstone, 2016.
All rights reserved.

This Korean Language edition distributed and published by © Balgeunmirae Publishing Co., 2017, with the permission of Capstone, arranged through EYA (Eric Yang Agency).

이 책의 한국어판 저작권은 EYA (Eric Yang Agency)를 통한 저작권사와의 독점 계약으로 밝은미래가 소유합니다.
저작권법에 의하여 한국 내에서 보호를 받는 저작물이므로 무단 전재 및 복제를 금합니다.
책에 대한 단순 서평 수준을 넘어서는 내용을 SNS나 사진, 영상 등으로 출판사의 동의 없이 배포하는 것은 저작권법에 저촉될 수 있습니다.

*책값은 뒤표지에 있습니다.

※ 공통안전기준 표시사항
① 품명 : 도서 ② 제조자명 : 밝은미래 ③ 주소 : 경기도 파주시 회동길 349
④ 연락처 : 031-955-9550 ⑤ 최초 제조년월 : 2017년 1월 ⑥ 제조국 : 대한민국 ⑦ 사용연령 : 6세 이상